Das Trauerbuch

Sabine Jakobs

Bibliografische Information der
Deutschen Nationalbibliothek:
Die Deutsche Nationalbibliothek verzeichnet
diese Publikation in der Deutschen
Nationalbibliografie,
detaillierte Daten sind im Internet
über http://dnb.dnb.de abrufbar.

© 2015 Sabine Jakobs

Herstellung und Verlag:
BoD – Books on Demand, Norderstedt

ISBN 978-3-7347-6935-1

"… die Liebe höret ewig auf."

Uwe Johnson

Die Geschichte

Jede Geschichte hat einen Anfang. Manchmal ist es ein glücklicher Anfang. Traurige Geschichten haben immer einen glücklichen Anfang. Meine Geschichte ist traurig.
Es fing also glücklich an. Doch auch nach über 25 Jahren (ab Anfang), bzw. bald 20 Jahren (ab Ende) fällt es mir immer noch schwer, die Geschichte von vorn nach hinten zu erzählen, einfach so, wie's war. Ich merke, dass ich viele schmerzhafte Erinnerungen gespeichert habe (wovon die glücklichen natürlich am meisten wehtun), dass ich aber die Reihenfolge der Ereignisse nicht mehr wirklich rekonstruieren kann. Aber es geht nicht um die Reihenfolge. Es geht um Schuld.
Neuer Versuch. Die kürzeste Version ist: Wir trafen uns an einer Studentenparty in einer fremden Küche, es funkte auf den ersten Blick, und nach einigen Stunden, in denen wir dicht an dicht auf einem fremden Sofa saßen und er ein ums andere Mal mein Weinglas füllte, ohne eine dumme Bemerkung dazu zu machen, war klar, dass wir zusammenbleiben würden. Er war jung, 21 erst, ich war 25 damals. Er hatte gerade einen Klinikaufenthalt hinter sich wegen einer schweren Depression.
Amor omnia vincit, war ich überzeugt, wenn wir uns nur liebten, würde alles gut werden. Nach wenigen Wochen kam der erste Rückfall. Schleichend. Dann Zusammenbruch. Ich schleppte ihn zu einem Psychiater, keine Klinik. Der Arzt kam zweimal täglich, brachte Medikamente, ich war da, rund um die Uhr, ich schlief auf dem Boden neben seinem Bett. Nach einigen Tagen rief ich meine engsten Freunde zu Hilfe. Wir brachten ihn wieder auf die Beine. Ich dachte, es wäre überstanden.

Die Liebe besiegt alles, dachte ich. Die Liebe ist so stark wie der Tod. Ich glaubte so fest daran … Es ist eine Lüge. Der Tod gewinnt immer.
Er würde keine 30 Jahre alt werden, sagte J immer. Er behielt Recht. Nach unzähligen Aufs und Abs, nach jahrelangen Kämpfen, Therapien, vergeblich allesamt, starb er mit 29 Jahren. Und ich habe Schuld daran.
Er hatte sich irgendwann in ein junges Mädchen verliebt, er trennte sich von mir, wollte mich auch nicht zurück haben, als die Geschichte, die gar nie eine Beziehung geworden war, scheiterte. Ich bettelte. Er wollte mich nicht zurück. Und dann quittierte er seinen Job und brauchte sein Erspartes auf, er kündigte seine Wohnung, und als endgültig alles weg war, wies er sich selbst in die Klinik ein.
Mich wollte er nicht mehr sehen. Ich musste ihn loslassen. Ich liebte ihn immer noch.
Ich stürzte mich in irgendwelche Abenteuer, und nach einigen Geschichten war da unversehens jemand, der mich heiraten, mit mir Kinder haben wollte, ich zögerte 10 Sekunden und sagte ja. Ich entschied mich für das Leben. Sechs Monate nach der ersten Begegnung waren wir verheiratet.
Und drei Monate später, im Winter 1995, war J tot. Er war gerade mal 29 Jahre alt geworden. Zusammengebrochen auf einem Spaziergang, erfroren, irgendwann kurz vor dem Jahreswechsel – mein Hirn weigert sich heute noch, sich das exakte Datum zu merken …
Niemand konnte meinen Schmerz verstehen – ich war ja frisch verheiratet und hatte glücklich zu sein. Ich hatte jeden Tag zweimal zehn Minuten Zeit, um zu trauern – auf dem Arbeitsweg. Sonst, immer nur lächeln …
Sieben Jahre nach J's Tod sagte ich erstmals: «Ich fange langsam an, darüber hinweg zu kommen». Heute ist es

noch immer nicht vorbei. Ich werfe mir immer noch vor, nicht lange genug gewartet, nicht genug geliebt zu haben. Oder war meine Liebe nicht genug? Nicht stark genug, um ihn zu retten?
Auch wenn keiner mich schuldig spricht – ich habe doch versagt. Lebe schon mein halbes Leben mit dieser Schuld ...
Die Liebe bleibt. Der Tod gewinnt. Ich muss damit leben.

26.10.2013

Die Totenliste

Immer kürzer werden die Abstände zwischen den Toden, und immer näher kommen sie zu mir. Sie kreisen mich ein, und ich frage mich oft, warum ich bis jetzt verschont geblieben bin vom Tod eines Menschen in meiner nächsten Nähe, von einem Verlust, der mich so tief trifft, dass er mich selbst an den Rand des Todes brächte.
Als hielte sich irgendein Schicksal noch zurück, bevor es desto härter zuschlägt. Als sparte man sich für mich etwas ganz Besonderes auf. Aber was könnte man mir nehmen, das mich noch härter träfe als das, was andere schon jünger verkraften mussten? Ich stand hilflos dabei und etwas beschämt, als junge Eltern ihr Neugeborenes begruben – nie werde ich den Schrei der Mutter vergessen in der Kirche.
Ich wusste keinen Trost zu sagen, als eine Freundin zwei geliebte Menschen verlor an unheilbare Krankheiten in einem einzigen Jahr, und als der Mann, den sie liebte, im Meer ertrank.
Gestern sah ich jenen Mann in der Stadt, dessen Bruder man ermordet hatte. Ich sah seine glasigen Augen, die mich nicht wahrnahmen, die nichts wahrnahmen, und ich ging an ihm vorbei und schwieg.
Viele sind gestorben, die ich kannte. Viele, obwohl wir noch so jung waren. Der Junge, der an einem Tag einfach nicht mehr in die Schule kam, von einem Tag auf den andern tot, noch keine siebzehn. Die betretenen Gesichter meiner Mitschüler, fahl und wie gelähmt saßen sie auf den Tischen, starrten jeden an, der ins Klassenzimmer trat, und es dauerte endlos, bis jemand mich am Arm nahm und mir sagte, was geschehen war.

Von anderen Toden erfuhr man erst nach der Schulzeit. Verblutet, erschlagen, erstickt – Tode, die nicht nahegingen, weil man nie eng befreundet gewesen war. Und doch: Striche auf der Totenliste, die man führt, sein Leben lang, bis der eigene Tod den letzten Schrägstrich durch das Zahlenhäufchen zieht.

Lebt ein Kind im Stand der Unschuld, bis es zum ersten Mal dem Tod begegnet? Von seiner Geburt an, bis zum ersten Strich auf seiner eigenen Totenliste? Hört dann die Kindheit auf und beginnt das Erwachsenwerden?

1991

Pik As

An jenem Tag, als ich aus dem Haus meiner Eltern auszog und in einem anderen Stadtteil eine Wohnung nahm, suchten wir in meiner neuen Straße eine Kneipe auf, um einen Kaffee zu trinken, denn die Espressomaschine war im zweiten Wagen, und der war noch unterwegs.
Zu jeder Tasse wurde eine kleine Schokolade serviert, auf deren Umschlag eine Spielkarte abgebildet war. Als ich mit der ersten Tasse ein Pik As bekam, erschrak ich sehr. Wusste ich doch, dass dies nichts Gutes bedeuten konnte für das neue Leben, das ich gerade beginnen wollte. Als wir die zweite Tasse bestellten, äußerte ich halblaut die Hoffnung, diesmal eine bessere Karte zu bekommen.

Die Serviererin musste meine Worte gehört haben, denn neben meiner Tasse lag ein Herz Bube. Ich freute mich sehr darüber, und obwohl mir die Manipulation bewusst war, glaubte ich das gute Omen nur zu gerne.

Wenige Wochen später lernte ich J kennen. Wir sind sehr glücklich zusammen, aber ich weiß, dass es nicht für immer sein kann. Das Pik As ist noch nicht eingelöst.

5.5.1993

Verrat

Ich versuche, mich zu erinnern: Die Leichtigkeit ist weg, seit J mich verlassen hat. Ich verstehe, dass er es getan hat, aber der Verrat schmerzt dennoch, der Treuebruch, das Scheitern. Eigentlich müsste mein Leben leichter geworden sein ohne diese Last der Verantwortung, aber es ist nicht so. Die Gewissheit, ein Paar zu sein mit ihm, hatte mir eine Sicherheit verliehen, die mir seither fehlt. Ich hatte geglaubt, wir gehörten zusammen, für immer, ich hatte an die Macht der Liebe geglaubt: in guten wie in schlechten Zeiten, für immer.
Mit dem Scheitern unserer Paarbeziehung ist ein Urvertrauen zerbrochen, ein Vertrauen nicht in ihn, aber in mich. Ich habe meine Mitte verloren.
Deshalb wohl diese dauernde Unruhe, dieses Suchen, dieses verzweifelte Rennen, ohne zu wissen wohin, dieses ewige Jagen nach etwas, ohne zu wissen, wonach, dieser Traum von der perfekten Liebe und die Gewissheit, sie nie zu finden, und der Zwang, sie mir schaffen zu müssen, wenn es sie nicht gibt ...

So habe ich mich mit einem anderen verlobt.

8.4.1995

Traum

Aus Scherben von Glas einen liegenden Körper gebaut, um ihn zu betrauern (warum ich eine Frau?), aus halbrunden Fragmenten Brüste aufgeschichtet.
Schön. Silberweiß glänzend.

Die Scherben, die ich träume, sind von farblosen, nur an den Bruchstellen leicht grünlich glänzenden Weinflaschen. Im Träumen denke ich an jene Frau aus dem Parzival, deren Namen ich immer vergesse, es ist eine Pietà-Szene, ich die Trauernde. Das Aufschichten des Körpers ist die Trauerarbeit. Ich muss sie tun, weil der (der?) Tote, den ich beweinen will, verschollen ist; mit dem Aufschichten wird er wieder gegenwärtig, bekommt er seine Würde zurück. Aber es ist Glas, farblos, kalt und tot, und die Verkörperlichung vergänglich, denn die Scherben sind nur trocken geschichtet, und es dauert lange, jedes Fragment richtig auszuwählen und richtig zu legen, denn sie sind alle furchtbar glatt, sie widersetzen sich meiner Arbeit. Es sind die Scherben von etwas, aus denen ich den Trauerleib aufschichte, vielleicht die Scherben des Glücks, das zerbrochen ist, vielleicht meines Glücks, und vielleicht ist es mein Körper, den ich baue, vielleicht beweine ich mich selbst.

31.5.1995

† Dezember 1995

Von J's Tod erfuhr ich erst einige Tage danach
– eine Verwandte hatte die Todesanzeige
in der Zeitung gelesen.
Sie rief mich im Büro an, sensationslüstern.
Ich verstand erst nicht, wovon sie überhaupt sprach.

Dann verstand ich.

Falten

Alles wieder
zusammenfalten
sorg-
fältig
Knick auf Knick
so wie es war
Bund um Bund
und glattstreichen
und lächeln
und weggehen

Alles soll sein
wie es war
ehe wir
nicht mehr
sind

9.1.1996

Gezählt

Es braucht einer
nicht zu zählen
um zu wissen
es ist genug

9.1.1996

Feiern

Wir haben
zu viele
Feste
fallen lassen
ohne zu feiern
anstatt
die Schatten
unter den Tisch
zu trinken
die Gläser an die Wand
zu knallen
und lachend
über den
Scherben
zu stehen

9.1.1996

Schmerz und Verzweiflung

Wenn ich verzweifelt bin und müde, stelle ich mir oft vor, wie es wäre, einfach hinzusinken und nicht mehr aufzustehen. Warum die letzten Treppenstufen bis zu meiner Wohnung noch nehmen? Warum durch die ganze Stadt bis zu meinem Haus gehen? Warum die ganze Wohnung durchqueren bis zum Kühlschrank? Zum Telefon, das klingelt? Einfach hinsinken und liegenbleiben. Nie mehr die Füße, die bleischweren, losreißen von der Erde, nur um sie einige Zentimeter weiter vorne wieder abzustellen. Wozu? Was kommt vorne? Was wartet auf mich?

Und wenn ich dann doch bis nach Hause gehe, und wenn ich da bin, weiß ich nicht mehr, welchen Weg ich gegangen bin, wenn ich dann doch die Türe aufschließe und hinter mir wieder zu, und bin bei mir zu Hause, und niemand mehr sieht mich und könnte unangenehm berührt sein, dann lasse ich nur noch die Taschen zu Boden gleiten, den Mantel hinterher, versuche mich irgendwo aufzustützen, an der Wand, auf dem Fenstersims, und gehe in die Knie, habe keine Kraft mehr, lege mich einfach hin, bleischwer, und will nichts als einschlafen und alles wäre vorbei.
Manchmal bleibe ich einige Minuten liegen, manchmal länger, eine Stunde vielleicht, manchmal schlafe ich ein im Weinen.

Schon immer habe ich mir meinen Tod so gewünscht: Einschlafen in der Sonne – und nie mehr aufwachen. Und dies wäre mein Freitod gewesen: Einschlafen in der Kälte, mich einfach hinlegen, irgendwo draußen, im Winter, nachdem ich mich müde gelaufen habe und leergeweint, auf die

Erde liegen oder vielleicht auf einem Bänklein sitzen, bis die Nacht kommt, die Kälte nicht spüren, oder sie spüren und lieben, jedenfalls entschlossen bleiben und ausharren, bis es endlich ein Ende hat, bis alles vorbei ist, das Leben zu Ende gebracht, überstanden.

Und doch stehe ich jedes Mal wieder auf, irgendwann, weil mir die Schulter wehtut auf dem kalten Boden, weil ich zu stolz bin, als dass ich wollte, die anderen hielten mich für schwach. Niemand würde verstehen, warum ich den Tod gesucht habe. Warum ich mich habe sterben lassen. Einfach so. Weil genug war. Und ich wusste, dass es genug war.

Wenn ich jedes Mal doch wieder aufstehe, dann, weil ich eben doch weiß, es ist noch nicht genug, ich habe noch zu tun auf dieser Welt, es wäre zu früh für einen Abgang, ich habe noch nicht zu Ende gelebt.
Und – wenn ich so daliege, zwischen Verzweiflung, ratloser Trauer und dem wieder erwachenden Willen, der lächerlichen Chose ein Ende zu machen und aufzustehen, weiter zu arbeiten, wenn ich so daliege mit verheultem Gesicht und fange an, wieder zu denken, dann beneide ich dich:

Du hast die Stärke gehabt, liegen zu bleiben.
Du *bist* liegengeblieben. In diesem Moment, wo ich mich jedes Mal wieder entscheide, aufzustehen, hast du gewusst, es ist genug. Hundertmal bist du wieder aufgestanden und hast weitergekämpft, hundertmal bist du wieder hingefallen und hast gewünscht, es wäre das Ende.
Als ich von deinem Tod hörte, begehrte alles auf in mir. Nein, schrie es in mir. Und: Warum? Warum du? Du hättest

es mehr als jeder andere verdient, endlich wieder glücklich zu sein. Und warum so? Warum musstest du allein und elend verrecken wie ein angefahrener Hund? Wenn du schon sterben musstest, warum nicht in Würde, in Wärme, umgeben von denen, die dich lieben?

Erst nach einigen Tagen begriff ich. Du hattest dich verabschiedet von uns, in den Wochen vor deinem Tod. Hast jeden noch einmal aufgesucht, und wenn er sich erinnerte, was du gesprochen hattest, so musste er begreifen, dass es ein Abschiednehmen gewesen war.

Mir hattest du früh Adieu gesagt. Am Telefon. Wir vermieden es, einander zu sehen in letzter Zeit. Aber es war ein Abschied, und wir hatten es beide gewusst, es klang endgültig. Ich hatte es bloß nicht wahrhaben wollen, damals.

Und der Tod in der Kälte, das Liegenbleiben, es war dein Tod. So, wie es auch mein Tod sein wird. Wir waren ein junges Liebespaar damals, als du das erste Mal davon sprachst, du wollest sterben. Auf einer Gartenmauer hattest du gesessen, im Frühling, und dir nichts anderes gewünscht, als dich zurückzulegen, auf die Erde zu sinken, und die Erde täte sich auf, nähme dich lautlos auf und ginge leise zu über dir. Und wenn ich käme, dich zu suchen, wärst du verschwunden, und es wäre einfach vorbei.

Damals hast du widerstanden. Es war noch nicht Zeit für dich zu gehen, und du hast es gewusst. Du bist sitzen geblieben auf dem Mäuerchen, hast auf mich gewartet, und wir sind zusammen weitergegangen durchs Leben, ein gutes Stück zusammen gegangen. Es war ein schönes

Stück Weg. Ein gutes Stück Leben. Und es war schlimm, als unsere Wege sich trennten. Es tat weh. Eine Zeitlang liefen wir noch nebeneinander her, dann wurde der Abstand zwischen uns immer größer, und wir verloren uns über immer längere Zeiträume hinweg aus den Augen, ohne es eigentlich zu wollen. Und ohne, dass einer je aufgehört hätte, an den anderen zu denken.

Ich weiß schon immer, ich werde alt werden. Und allein sein im Alter. Lange bin ich davor zurückgeschreckt, eine Beziehung einzugehen, weil ich doch wusste, sie würde ein Ende haben, bevor mein Leben zu Ende wäre. Und das hieße doch nichts anderes als Verlust, Trennung, Tod. Und jetzt bin ich doch verheiratet ...

Ich wollte leben. Das Glück packen.
Und ich weiß doch, ich werde irgendwann übrig bleiben und habe Angst.

Du hingegen hast dich nie binden wollen, obwohl du es dir vielleicht gewünscht hättest, mehr als du je sagen konntest. Du hast immer gewusst, du stürbest jung. Du hast es gewusst, und du hast recht gehabt. Du bist gestorben, ehe du 30 warst, wie du es immer gesagt hattest.

Ich war dir immer ins Wort gefallen, wenn du davon anfingst, ich wollte nichts hören, das wehtat. Ich wusste doch, wenn du so sicher bist, dann wird es auch stimmen, so wie du es sagst. Ich hätte alles dafür gegeben, dein Schicksal zu ändern, und wie alle, die dich geliebt haben, habe ich alles getan, was ich konnte, und es war doch zu wenig.

Es musste zu wenig sein, weil es dir bestimmt war, jung zu sterben. Warum? Wir werden es nie verstehen. Aber nur schon die Gewissheit, dass dein Tod dich gefunden hat, als es Zeit war, muss ein Trost sein für uns, die wir damit leben müssen.

3.2.1996

Am Tag deines Todes

An dem Tag, als du starbst, wollte ich etwas schreiben.
über die Freunde, die man verliert, nach und nach, ans Leben.
Die man aus den Augen verliert, weil man weiter lebt, weil beider Leben in eine andere Richtung führt und die Interessen sich ändern und das, was einander verband, so sehr, dass man dachte, es wäre für immer, so leise zu Ende geht, dass man es erst viel später bemerkt.
Zum Glück habe ich diese Gedanken nicht aufgeschrieben, damals. Ich würde nicht aufhören, mich zu schämen, dass ich nicht an den Tod dachte, damals, als du starbst.

Die Verluste, die ich beschreiben wollte, sind alle nicht unwiederbringlich. Keiner weiß, was das Leben bereithält, vielleicht ist ein verlorener Freund unversehens wieder da, wenn man ihn am meisten braucht und am wenigsten mit ihm rechnet. So, wie es früher gewesen ist.
Du aber kommst nie mehr zurück.

3.2.1996

Trauer

Wie lange trägt man
an Trauer?
Wie lange
den Stein
auf der Seele,
den Stein
im Leib,
den Stein?

Wie lange weint man
aus Trauer?
Wie lange
hört es nicht auf,
das Erinnern,
wenn das Denken
aufhört
und genug
Raum ist im Hirn
für Schmerz?

Wie lange versucht man
geschäftig zu sein,
nur, um nicht denken zu müssen?

Und: wie lang
bis es
aufhört
weh
zu tun
wenn du
plötzlich
da bist
wie früher?

3.2.1996

Regen

Knusper, knusper Knäuschen – unabläßig knuspert der Regen am Fenster, zehn kleine Mausemäulchen knuspern am Glas, und draußen rauscht es ins Gras, als löste da einer das ultimative Wasser, sein Schwanz verfinstert den Mond.
Sündflut geht nieder, erstickt im Blubbern des schlammigen Bodens, plötzlich Stille.
Eine letzte Ratte nagt ermattend am Holz; dann, langsam, hebt das Knistern von neuem an. Tropfen schlagen hart auf die Blätter, als würfe einer Reiskörner auf dürres Laub – der Sämann säet den Samen – wer wird die Früchte ernten dieser Nacht, – welcher Mahr wird erblühen im fahlen Licht des Vollmonds?

Wenn die Nacht ein Ende nimmt, wird es voll Blut sein.

27.8.1996

Am Grab / I

Ich hielt mich gut bis kurz vor deiner Heimatstadt. Dann, im Städtchen, kämpfte ich mit den Tränen, das Herz wurde schwer, die Erinnerungen kamen ganz nahe. Der Kirchturm von weitem – da oben liegst du, da oben unter der Weide – beim Aufstieg die Bilder von damals: Die Wand, an der ich mich aufrecht hielt, dort bei der Treppe; die klirrende Winternacht, als wir vor dem Grab standen, uns wechselweise stützend und tröstend im Weinen ...
Und dann stehe ich vor deinem Grab – und du bist weg.
Noch nie seit deinem Tod war ich so nahe bei dir, körperlich so nahe. Wie viele Meter Erde uns trennen? Noch nie warst du so weit weg von meinem Herzen. Dieses Grab ist nicht «mein» Grab, es ist fremd, fremd die hellgelb blühenden Rosenstöcke zwischen den kleinen leuchtenden Astern, der gelbblaue Sommerstrauß neben dem hölzernen Kreuz – meine Blumen haben hier keinen Platz.
Aufs Grab legen hatte ich sie dir wollen, 30 kleine rote Rosen zu deinem Geburtstag, möge das Leben siegen über den Tod.
Ich suche eine Grabvase, finde kaum ein Stückchen freier Erde, wenigstens vor dem Kreuz, genau vor dem Kreuz sollen sie stehen, meine Blumen, damit du sie siehst am Morgen beim Aufwachen. Ich pflanze die Vase, stelle die Rosen hinein, kauere auf den scharfen Steinen und suche dich – so fern bist du plötzlich, als wäre dies das falsche Grab, der falsche Friedhof, die falsche Stadt ...
Aber hier hatten wir doch gestanden, damals in der blauen Januarnacht, der Schnee knirschte unter unseren Füßen. «Er liegt unter dem Baum», sagte eine von uns, um uns zu trösten. Wie schön der Baum.

Es ist keine Weide, es ist eine Buche, eine Trauer-Buche, und du bist nicht in diesem Grab. Du bist mir tausendmal näher in der Stadt, in der wir einst zusammen lebten, auch dort, wo wir zusammen gewesen sind, du bist immer bei mir, manchmal wünschte ich mir, du ließest mich los, aber du bist immer bei mir, wenn ich traurig bin.
Vielleicht machst du mich traurig?

Hier bist du nicht. Dieses Grab, es ist das Grab, das deine Eltern dir gemacht haben, geschmückt für ihren Sohn, so wie sie ihn liebten. Du, so wie ich dich liebte, bist nicht hier, und für meine Blumen, für meine Farben ist kein Platz. Ich ziehe meine Vase aus der Erde und pflanze sie auf der Seite des Kreuzes wieder ein. Hier stören meine Blumen nicht, und du kannst sie doch sehen, wenn du den Kopf drehst. Hier verschwinden sie in der Blütenpracht, und niemand wird sehen, dass ich hier war.

Drei zarte, blassrosa Gartenrosen stehen am Fußende, die Köpfe vom Regen erdwärts gedrückt. Drei zarte Rosen, ich bin sicher, deine Mutter hat sie dir gebracht. Sanft schüttle ich den Regen aus den Blütenkelchen, und da, im Berühren dieser Blüten, spüre ich dich. Zarter Duft steigt auf, Tränen lösen sich und rollen über mein Gesicht, tropfen zur Erde, die Rose weint über meine Hand. Deine weichen Hände – ich klammere mich an die Blüte und wollte sie nie mehr loslassen, die Blumen deiner Mutter, ich darf nicht.
Ich lasse die Blüte frei, und du bist wieder fort.
Blütenzauber?
Niemand wird sehen, dass ich hier war.
Du siehst in mein Herz.

28.8.1996

Gegenwart

Unzählige Male schon warst Du bei mir. Plötzlich wieder da, ganz präsent. Hab ich unversehens Deinen Namen auf den Lippen gehabt, Deinen Kosenamen, einen andern in meinen Armen.

Oder: Einer erinnert sich. Du habest dabeigesessen, das letzte Mal, als wir so zusammen saßen, vor einem Jahr oder zwei.

Und wir, die noch leben, heben das Glas auf dich, der nicht mehr da ist, und doch bist du bei uns …

28.8.1996

Schande

Das Schlimmste an J's Tod war die heimliche Trauer. Es musste alles weiterlaufen. Ich musste weiterlaufen, funktionieren, die innere Wüste verbergen – ausgerechnet vor demjenigen, dessen Verständnis mir am wichtigsten gewesen wäre. Heimlich trauern, verstohlen, als wäre es ein Verbrechen, eine Schande, als wäre ich an etwas schuld, das es zu verbergen gilt, als trüge ich ein Schandkind im Leib ...
Neun Monate Trauer im Leib, bis es ausgestanden ist, bis es ausgetragen ist mit sich selbst? Wäre dies der Grund, warum ich nicht schwanger werde – weil ich es schon bin? Noch trage ich eine andere Frucht im Leib, und erst –

Hier bricht der Text ab, er ist undatiert, aber wohl von 1996. Er stammt aus der Zeit, als ich noch nicht wusste, dass es ein riesiger Gebärmutterpolyp war, der mir die ersehnte Schwangerschaft verunmöglichte. Aus einer viel späteren Phase, als ich es dann wusste, datiert eine andere Eintragung, in der ich vom «Trauerkloß» spreche, der in meinem Körper gewuchert hat ...

(1996 / 2008)

Begegnung im Zug

Der junge Mann schräg gegenüber sieht J sehr ähnlich – damals, als er für einen Moment jung war und im Reinen mit sich selber. Der fremde Mann und ich lachen einander an – eine andere Reisende hatte sich nicht setzen wollen, weil es im ganzen Wagen nach Rauch roch. Kunststück, es war ja ein Raucherabteil!
Der Mann und ich sehen einander an, und sogar seine Augen sind wie J's Augen. «Bäh!» sagt er, so wie das Mädchen «bäh» gesagt hatte, und lacht dabei. Ich lache zurück. «Bäh», sage auch ich und schüttle meine Hände, so wie das Mädchen seine Hände geschüttelt hatte.
Ich lache ihn an, und er lacht mich an.

Jetzt lümmelt er wieder auf seiner Bank, zündet sich lässig die x-te Zigarette an und hängt seinen Gedanken nach, den Blick auf die Lichter draußen gerichtet. Ich drehe meinen Kopf zur anderen Seite und betrachte ihn in meinem Fenster. Draußen ist es schon Nacht, und der junge Mann spiegelt sich wunderbar. Ich kann ihn in Ruhe beobachten. Ob er mich seinerseits im Spiegel der Scheibe mustert? Unsere Blicke treffen sich nicht. Er steht auf und verlässt den Wagen an der nächsten Station.
Besser so.

Natürlich male ich mir ganz kurz aus, wie ich nächste Woche den gleichen Zug nehme am Freitag Abend, 18 Uhr 24 in Richtung Genf Flughafen. Ich könnte alle Raucherabteile nach ihm absuchen und mich in seine Nähe setzen. Vielleicht würden sich unsere Blicke treffen, vielleicht gäbe es wieder einen Augenblick, wo wir gemeinsam lachen. Wo ich mich freuen würde, dass J mich anlacht …

Wir haben so selten gelacht, damals. Wir hatten so wenig Gelegenheit – das Leben hat es uns nicht leicht gemacht. Einen kurzen Moment überlege ich mir, wie alt der junge Mann wohl ist. Ob seine Ähnlichkeit mit J mehr sei könne, als eine Laune des Zufalls?

Natürlich habe ich seit J's Tod immer wieder Männer gesehen, die mich für den Bruchteil einer Sekunde an ihn erinnerten: Wie er stand, wie er sich kleidete, wie er sich bewegte.
Dieser Mann sah ihm so ähnlich wie nie einer zuvor. Hundertmal ähnlicher als alle, die ich je gesehen habe, und die mich an ihn erinnert hatten – hundertmal ähnlicher als ein Bruder.
Und dieser junge Mann lachte. Und jetzt war er weg.
Ich würde ihn nie wiedersehen.

Aber die Erinnerungen, die er in mir geweckt hat, und die Wehmut, mit der ich mich an J's Lachen erinnerte, würden bei mir bleiben.
Für immer.

22.11.2002

Kurze Nähe

Letzte Woche ist mir wieder ein Fremder begegnet, der mich an J erinnerte, so wie mich noch keiner an ihn erinnert hat: Nicht äußerlich diesmal, sondern so, wie er gewesen ist: unendlich einsam, unendlich traurig, und unendlich verschlossen. Zu stolz zu sagen, wie schlecht es ihm geht. An diesem Stolz würde er sterben, war er vielleicht schon gestorben inzwischen. Und ich hatte ihn nicht retten können, auch ihn nicht. Aber ich hatte es eine Stunde lang versucht, und diese Stunde würde mir abgezogen an meiner Schuld, so hoffe ich. Denn ich hatte eine Stunde lang versucht, ihn zu retten, um mich zu retten, meine Seele reinzuwaschen von dieser Schuld. Diese Schuld, die niemand sehen kann außer mir. Die niemand versteht, nicht einmal ich selber. Von der selbst ich mich freispreche, jeden Morgen, und sie lastet dennoch auf mir …

Er hatte am Nebentisch gesessen, in sich zusammengesunken, ganz allein. Einer von uns sprach ihn an, forderte ihn auf, sich zu uns zu setzen, ordnete es an. Der junge Mann gehorchte, zog seinen Stuhl hinüber und reihte sich ein in unseren Kreis. Eigentlich wollte keiner von uns mit ihm sprechen. Wir hatten genug Probleme unter uns, zwischen uns und überhaupt. Aber nun saß er da, in sich zusammengesunken, und jemand musste sich ihm zuwenden.
Er stierte in sein Glas. Er war nicht bei uns. Jemand musste ihn ansprechen. Alle waren so sehr mit sich selbst beschäftigt, ich war die einzige, die seine Not sah. Ich hatte eigentlich auch keine Lust, mich um ihn zu kümmern, aber ich musste. Denn ich sah seine Not, und ich sah J in ihm.

Ich musste einfach tun, was dann geschah. Was ich dann tat. Aber eigentlich tat ich gar nichts, *es* tat mit mir. Etwas in mir handelte, und ich ließ es geschehen. Ich wusste, es war richtig. Ich *tat* das Richtige. Von den anderen an unserem Tisch verstand keiner, was das Ganze sollte, warum ich meine Gunst diesem Loser zuwandte, diesem in sich zusammengesunkenen, jungen Burschen, nicht lebensfähig, schweigsam, seltsam.
Hätte ich nicht mein Leben in der Hinterhand gehabt, hätte ich auch nichts verstanden. von dem, was geschah.

Ich sprach ihn an. Er wich aus. Ich sagte noch etwas. Er parierte tapfer. Ich sah seinen Schmerz, ich erkannte ihn wieder. «Du bist einsam», sagte ich.
Wer sagt da schon jemandem ins Gesicht, in einer Kneipe? Niemand. Auf jeden Fall nicht, wenn er nüchtern ist und der andere wirklich einsam. Ich tat es. Es war mein Joker. Mit diesem Satz knackte ich seine Schale.
Der junge Mann gab auf. Ich glaube, er sagte ja. Aber an seine Worte erinnere ich mich nicht. Wahrscheinlich sagte ich: «Ich sehe es.» Oder: «Das kann man sehen.» Nein: *Ich* sehe es. Das muss es gewesen sein. Sonst hätte er nicht weiter gesprochen.

«Ich wünsche mir so sehr, dass mich jemand in den Arm nimmt», sagte er leise.
Auch das ist nicht wirklich etwas, das man jemand Fremdem in einer Kneipe sagt. Nicht wenn man nüchtern ist und man weiß, der andere hat einen durchschaut. Auch nicht, wenn man besoffen ist. So etwas sagt man nur, wenn man randvoll ist von seinem Schmerz, so sehr, dass es keine Rolle mehr spielt, ob man ehrlich ist oder nicht. Weil man vermutlich die Nacht sowieso nicht überlebt. Also

warum die Mühe? Ehrlich zu sein ist letztlich einfacher, als zu lügen, als ein Lügenkonstrukt aufrecht zu erhalten, an dem man sich festgeklammert hat die ganze Zeit, seinen Eltern zuliebe, seinem eigenen Stolz schuldig.

Wenn einer in dieser Situation sagt, er wünsche sich nichts anderes, als jemanden in den Arm zu nehmen, dann ist das bittertraurig. Bitterernst. Ich wusste es, denn J hatte mir dasselbe erzählt aus der Zeit vor seinem ersten Zusammenbruch. Seinem ersten Klinikaufenthalt. Bevor er mir begegnet war.

Einen kurzen Moment zuckten all diese Gedanken durch meinen Kopf. Der junge Mann verharrte reglos. Es schien mir, als sei er noch eine Spur entmutigter, soweit das überhaupt noch ging in seinem Zustand. Ich musste etwas tun. Wenn ich nichts tat, so wäre ich schuld daran, dass sich nach meinem Vorstoß noch einsamer fühlte. Und schuld sein – nein, das wollte ich nicht. das konnte ich nicht. Noch einmal dieselbe Schuld, das hätte ich nicht ertragen können, nicht für den Rest meines Lebens.

Nach einem kurzen Zögern schob ich meine Handtasche etwas zur Seite, rückte meinen Hintern etwas nach links und klopfte auf das frei gewordene Stück Bank neben mir. So wie man klopft, um einem Hund oder einer Katze zu bedeuten gibt: «Spring!» Er verstand nicht. Oder er verstand, wagte aber nicht, daran zu glauben. Ich wiederholte meine Geste, wortlos. Er erhob sich, tat zwei Schritte auf mich zu, setzte sich. Wortlos schlossen wir einander in die Arme. Nach einer guten Weile fing ich an, leicht über sein Haar zu streichen, seinen Nacken zu kraulen, wie man es tut, um ein Kind zu trösten. Er rührte sich nicht. «Siehst du, es geht doch ganz einfach»,

versuchte ich ihn zu trösten. Ich wusste, er schluchzte in seinem Innern. Lautlos.
Ich öffnete meine Augen und blickte über seine Schulter hinweg in die Runde. Ratlose Gesichter starrten mir entgegen. Keiner meiner Kumpel verstand was da ablief. Logo. Ich verstand es ja selbst nicht in dem Moment. Ich tat nur, was ich musste, ohne es selbst zu begreifen. «Ich *muss* das tun, lasst mich in Ruhe. Lasst mich machen», flehte ich sie an mit lautlosen Grimassen. Natürlich verstand mich keiner.
Plötzlich brachen fast alle auf und verließen die Kneipe, nur zwei blieben bei mir. Und bei dem seltsamen jungen Mann, den ich immer noch umklammerte ohne zu sprechen.
Ein Lokalwechsel war angesagt.
Die anderen wollten den seltsamen Kerl sitzen lassen; auch derjenige, der ihn an unseren Tisch beordert und mich so gesehen eigentlich in diese seltsame Lage gebracht hatte, aus der ich keinen Ausweg sah. Ich bestand darauf, den Mann mitzunehmen. Ich packte ihn am Ellbogen und zog ihn mit, als die anderen gingen.

Wenige hundert Meter weiter die nächste Bar. Musik, Rauch, eine Stimmung, als wäre es weit nach Mitternacht, dabei war es noch gar nicht spät. Aber ich fühlte mich so neben der Spur, neben der Zeit, dass es irgendwie passte. Irgendwer bestellte Bier, ich zahlte. Der junge Mann saß in sich zusammengesunken auf einer Bank, allein an einem Tischchen, wir anderen standen. Immer noch wollte mir niemand diese Last abnehmen.
Ich hatte ihn mitgeschleppt, also musste ich mich um ihn kümmern.
Ich nahm mein Bier und setzte mich zu ihm. Ich versuchte ein Gespräch, aber er war schweigsam. Er umarmte mich

wieder. Ich wieder die gleichen hilflosen Grimassen zu meinen Leuten. «Ich kann doch nicht anders, bitte lasst mich!» Oder hieß es: «Bitte helft mir?»
«Ich bin so verdammt glücklich», sagte er plötzlich leise.
Ach du Scheiße.
Das wurde mir zu viel. Ich geriet in Panik.
So viel Verantwortung für das Lebensglück eines wildfremden Menschen hatte ich nun auch nicht übernehmen wollen. Ich hatte doch schon genug an meinem eigenen Leben ...
Ich versuchte, ihn auf eine vernünftige Ebene zu bringen, mit ihm über seine Verfassung zu sprechen. Zu gerne hätte ich mich mit ein paar weisen, mütterlichen Ratschlägen aus der Affäre gezogen. Er wich aus, blockte ab.
Ich fühlte mich schrecklich.
Einer meiner Begleiter mache dem schließlich ein Ende. Er nahm mich bei den Händen, zog mich hoch. Er wollte doch nicht etwa tanzen? Ich war verwirrt, wagte nicht zu reden. Rückwärts gehend führte er mich zur Türe hinaus. Der andere folgte. Es gab keine Widerrede, wir gingen. *Er* musste bleiben. Keine Diskussion. Ich gehorchte ohne Aufbegehren, ohne Abschied, obwohl es mir fast das Herz zerriss, den jungen Mann sitzen zu lassen. Jemand hatte *mich* retten müssen in diesem Moment ...

Jemand erzählte mir später, er habe den jungen Mann einige Tage danach wieder gesehen.
Er hatte die Nacht überlebt.

28.12.2002

Am Grab / II

Links neben dir liegen:
Lorli, sie lebte von 1901 bis 1995, und Elsbeth, die 1914 zur Welt gekommen war.
Zu deiner Rechten Hugo, 1909 - 1996.
Du bist der einzige, der aus der Reihe tanzt, der so früh von dieser Welt musste. 1966 - 1995 – bald sind es zehn Jahre, dass du unter der Erde liegst.
Meine Füße finden den Weg zu deinem Grab, als wäre ich gestern erst hier gewesen – es muss vor fünf oder sechs Jahren gewesen sein. Es war Sommer, damals.
Heute liegt Schnee, weicher, unberührter Schnee auf den Gräbern, und es ist bitterkalt. War es so kalt in jener Nacht, als du starbst?
Kaum stehe ich vor deinem Grab, fangen die Raben im Baum an zu krähen. Und in dem Augenblick, als ich meine Blumen auf dein Schneekissen bette, fangen die Kirchenglocken an zu läuten. Es ist gut, dass ich heute gekommen bin. Es ist die richtige Stunde.
Ich werde dich nie vergessen.

Es war eine stille, friedliche Traurigkeit, die ich an seinem Grab empfand. Nicht mehr J's Tod tut mir weh, nicht die Sinnlosigkeit seines Sterbens – damit habe ich lange genug gehadert, damals. Die ersten Jahre nach seinem Tod. Inzwischen habe ich gelernt, mit dem Verlust zu leben, was nicht heißt, dass Trauer und Schmerz verflogen wären! Natürlich rinnen mir Tränen übers Gesicht, wenn ich so dastehe, vor seinem Grab, die Füße im kalten Schnee – natürlich fühle ich seine Nähe, und es tut weh, dass er doch nicht da ist – nicht mehr auf dieser Welt.

Sein Fehlen wird mir immer wehtun, die Erinnerung an sein Lachen, seine Stimme, seine Augen – alles ist so präsent in meiner Erinnerung, als hätten wir uns erst vor wenigen Wochen zuletzt gesprochen.
Die Dinge, die er gesagt hat, all die Kleinigkeiten, alles ist gespeichert in meinem Hirn …

Du lebst, so lange ich lebe.

Ich habe gelernt, nicht mehr nach dem Warum zu fragen. Warum du sterben musstest, warum so – es war sinnlos. Dein Sterben war sinnlos und das Fragen nach einem Sinn darin ist es ebenso.
Ich stehe vor deinem Grab, und ich versichere dir, dass es nicht recht war, dass du sterben musstest. Es war nicht recht, einfach nicht recht – aber wer sagt schon, das Leben sei gerecht? Mein Leitspruch, du weißt schon. Der Tod ist eben auch nicht gerecht, das ist alles. Wie ein unsinniger Chefentscheid kommt er über uns, und wir haben nichts in der Hand, uns gegen ihn zu wehren, das ist alles.

Die Lücke, die dein Sterben in unser Leben gerissen hat, bleibt offen, auch wenn die Wunde mit den Jahren verschorft. Der Schmerz meldet sich ab und an mit einem dumpfen Pochen und erinnert uns an die Höhle in unserem Fleisch, da, wo ein Stück von dir fehlt, von mir. Wir waren zusammengehörig, und wir dachten, es würde für immer sein.

Die Trauer über deinen Verlust birgt aber auch Schönheit – die vielen, zärtlichen Erinnerungen, die sanfte Wehmut, die Klarheit des Schmerzes – es liegt eine Schönheit darin. Und zu fühlen, dass die Liebe niemals ganz geht.

Die Liebe höret ewig auf ...

Zum ersten Mal nehme ich wahr, wie schön dein Grabstein ist.
Ein schlichtes Jin-Jang-Symbol, sanft ausgekuhlt. Würde der Stein liegen, könnten die Vögel in den beiden Wannen ihr Gefieder netzen, die kleinen Vögel wenigstens, die Spatzen ...

Meine Füße frieren ein, ich weiß, ich sollte gehen. Und ich fühle, dass das Weggehen von deinem Grab schlimmer sein wird, als das Verharren davor. Ich fürchte die Tränen, die mir über die Wangen rinnen werden, wenn ich den gewundenen Pfad wieder herunter gehen muss, dich allein lassen muss da oben, unter der weißen Decke ...
Und so zögere ich den Abschied Minute um Minute hinaus.
Wäre es Sommer, so würde ich gerne noch ein- zwei Stündchen bei dir bleiben. Auf dem nahen Bänklein unter der Trauerbuche sitzen und mich noch ein wenig mit dir unterhalten.
«Unser» Bänklein kommt mir in den Sinn, jene Bank mitten im Verkehrschaos vor dem Zürcher Hauptbahnhof. Dort saßen wir vor vielen Jahren mit Sack und Pack – wir waren auf der Rückfahrt von einem Open-Air-Konzert. Und ich packte kurzerhand den Gaskocher aus und die Kaffeekanne, und wir brauten uns einen Espresso, mitten in Zürich.

«Ach du», sage ich. «Hier wird das wohl nicht gehen». Die Leute fänden es sicher unschicklich, wenn ich hier auf dem Friedhof einen Gaskocher aufstelle und Kaffee koche.
«Aber weißt du; ich komme auf jeden Fall wieder im Sommer. Schon bald. Und dann bringe ich eine kühle

Flasche Weißwein mit, und wir trinken zusammen ein Glas auf die alten Zeiten …»

Wie oft waren wir damals an lauen Sommerabenden ans Rheinbord hinunter gebummelt, eine Weinflasche, Gläser und Korkenzieher dabei, und dann saßen wir unter den Kastanienbäumen, und vor uns zogen die Schwäne vorbei und manchmal ein Schiff. Die untergehende Sonne schickte ihre letzten roten Lichtreflexe in den endlos weiten Himmel, und wir träumten dem Wasser nach, das, immer dunkler werdend, zu unseren Füßen dahinfloss.
Wann immer die Sonne untergeht und ich sitze friedlich mit einem Glas Wein im Garten, kehrt für einige Augenblicke Ruhe in meine Seele, und du bist bei mir.
Aber irgendwann wird es doch Zeit zu gehen Ich muss zurück, hinunter in die Stadt. Hinunter in mein Leben.
Doch ich schaffe es nicht, mich los zu reißen, ohne Berührung.
Damals im Sommer streichelten meine Hände die blassfarbenen Rosen, die jemand auf dein Grab gestellt hatte. Ich berührte die zarten Blütenblätter, und Tropfen rannen aus der Blume über meine Hand, als wären es die Tränen deiner Mutter. Ich schaffe es auch heute nicht, dich hier liegen zu lassen, ohne Abschied.
Die Schneedecke auf deinem Grab – ich möchte ihre Schönheit nicht durch meine Fingerspitzen entweihen.
Nur meine Rosen liegen leuchtend auf dem weichen Kissen. Sie sollen langsam einsinken in der großen, weichen Weiße, und dann zugedeckt werden vom nächsten Schnee.

So hast du einmal zu sterben gewünscht. Einfach im Sitzen zurücksinken auf die Erde, und die Erde würde dich sanft aufnehmen und sich über dir schließen, warm und weich,

und die Vögel sollten weiter singen im Baum – nur du wolltest verschwunden sein aus diesem Leben.
ich möchte deinen Stein berühren. Ich muss ihn berühren, sonst kann ich nicht fort von dir. Ich lasse dich nicht, du segnest mich denn …
Hinter deinem Grabstein verläuft ein schmaler Pfad. Von hinten kann ich zu dir kommen, ohne den Schnee zu zerstören. Ich möchte den Stein küssen zum Abschied, aber ich traue mich nicht. Wenn mich jemand sähe?
Und so streiche ich nur sanft deinen Stein, als wärst du es, der im Schlafe liegt, und ich wollte dich berühren, ohne dich zu wecken.
Schlaf wohl, bis bald. Ich komme wieder, wenn es Sommer ist, und wir sitzen ein Weilchen beisammen und trinken ein Glas auf das, was immer sein wird.

28.1.2005

Nachtrag

Heute, nach zwei Jahren, habe ich den vorangehenden Text abgetippt, mit nur minimen Korrekturen. Ich kann nicht genau rekonstruieren, bis wohin ich ihn damals auf dem kalten Friedhof schrieb, und ab wann dann die Notizen kommen, die ich während der Heimkehr aufgeschrieben habe. Beim Lesen ist mir jene Stunde auf dem Friedhof so gegenwärtig, als sei es erst wenige Wochen her – dabei sind über zwei Jahre ins Land gezogen. Zwei Sommer, die ich habe verstreichen lassen, ohne mein Versprechen einzulösen … Wieder zu kommen, und mit dem Geliebten ein Glas Weißwein zu trinken.
Jetzt kann ich es kaum noch erwarten. Sobald es warm ist und die Abende lang bleiben, werde ich es tun.

24.2.2007

Ich sein?

Noch keine Stunde ist vergangen, seit mein Mann und die Kinder abgefahren sind Richtung Süden, in die Ferien, ohne mich. Und ich am Bahnsteig gestanden habe, wehmütig ob des kurzen, beiläufigen Abschieds, und gewartet habe im Nieselregen auf meinen Zug Richtung Norden, Richtung Arbeit ...

Und noch keine halbe Stunde ist es her, da hörte ein Teil von mir auf, Ehefrau und Mutter zu sein, und ich fing an, ein Buch zu lesen, das ich seit Wochen vergeblich mit mir herumgetragen hatte, «Zärtlichkeit und Schmerz» heißt es, von Kurt Marti. Und ich las, und las, und hatte nicht die Muße. Meine Gedanken schweiften ab in jene verborgene Welt, in der ich *ich* bin und nicht Ehefrau und Mutter, zurück zu diesem Ich, das ich gewesen war früher, vor Zeiten ...
In jenem Leben, als ich las, und schrieb, nächtelang schrieb und trank, und ich liebte, und mein Leben gehörte mir ...

Als hätte jemand einen Schalter umgelegt, fiel ein Teil der Traurigkeit über den Abschied von mir ab, und ein Teil meiner Gedanken wurde frei.
Noch nicht ganz, aber für eine halbe Stunde ...

Und sofort kehren meine Gedanken zu J, von dem ich geträumt habe vor wenigen Nächten, zu J, und zu meinem Versprechen, an sein Grab zurück zu kehren. Und zu dem Buch, das ich angefangen habe zu schreiben für ihn (für ihn?).
Mein Buch des magischen Denkens, ein zehn-, zwölf-Jahre-Buch, oder elf? Oder doch zwölf?

Bis es fertig ist, werden sicher zwölf Jahre vergangen sein seit J's Tod, zwölf Jahre, in denen ich mir ein neues Leben aufgebaut hatte, ein neues Ich über dem alten.
Ein Familienleben, Mutterrolle, Ernährerin, Hausfrau.
Ausgefüllt jede Stunde mit Arbeit, Pflichten, Müdigkeit.

Seltene Fluchten. Ganz selten. Einzelne Stunden zu Hause alleine, an einem Samstag- oder Sonntag Nachmittag, wenn Mann und Kinder ohne mich weg sind.

Und jetzt, wie aus dem Nichts, schmiede ich Pläne für den Besuch an J's Grab, für meinen Besuch bei ihm. Mein magischer Ort. Mein geheimer Ruhepunkt, weit weg von da, wo mein Alltag seine Kreise zieht. Am anderen Ende der Schweiz liegt er begraben – Hin- und Rückfahrt müssen sorgfältig geplant sein, die Stunden auf dem Friedhof vorbereitet wie ein geheimer Festakt. Kostbare Stunden. Zwiesprache. Losgelöst aus Raum, Zeit, Leben, Tod. Nur du, ich, unsere Vergangenheit, unsere Liebe, die nie ganz vergeht. Zärtlichkeit und Schmerz.

Ich komme zu dir, wenn die Erde leicht ist.

10.7.2007

Little Helpers

Drei Tage vergangen wie im Flug, in Trance, in Arbeit. Nur Arbeit, und wenn die Arbeit getan ist, Müdigkeit. Schwere. Während des Tages das ständige Gefühl, nicht zu genügen. Aufsteigende Tränen. Die Augenränder röten sich von der Anstrengung, dem Drang nach Weinen nicht nach zu geben. Keine Schwäche zeigen. Keine Müdigkeit vorschützen.

Mehr als einmal die Gier nach einer einzigen dieser kleinen, rosa Pillen. Die Dosis minimal: «Zu wenig für eine Katze», hatte der Arzt gesagt, aber sie helfen. Bloß habe ich keine bei mir. Zu Hause, im Küchenschrank, liegt noch eine bei den Kaffeetassen, sorgsam gerettet vom Küchenboden. Ich hatte den Plastikstreifen mit den Pillen so lange in der Handtasche herumgetragen, bis der Schutzfilm aus Alu von alleine zerschliss. Nur herumgetragen, nie gebraucht, Zu wissen, es sind welche da, genügt.
Sie helfen. Helfen gegen den Selbsthass, die Selbstverachtung, gegen das Gefühl, nicht zu genügen.

Ich reiße mich zusammen. Nur noch ein halber Tag, und es ist vorbei. Das wäre doch gelacht ... Reiß dich zusammen, Mädchen. Keine Schwäche zeigen. Die paar Stunden gehen auch noch vorbei – selbst wenn alles schiefgeht, wenn an der nächsten Sitzung nichts funktioniert, wenn die Präsentation im Fiasko endet, wenn das Chaos ausbricht – es sind nur noch wenige Stunden, und die Rückkehr überstehst du auch noch.
Und dann, dann kannst du ausruhen. Ein ganzes, langes Wochenende, ganz allein.

Das Wetter wird wunderbar sein, und es ist Sommer.
Das Gefühl, nicht zu genügen. Nichts wert zu sein. Es fing damals an, als ich frisch verheiratet war. Ich sollte die glückliche Braut sein, und ich war doch J's Witwe ...
Ich hatte versagt, doppelt versagt, Ich hatte einem anderen Mann versprochen seine Frau zu werden und die Mutter seiner Kinder.
Ich wurde nicht schwanger.
Und ich, die ich immer daran geglaubt hatte, dass die Liebe stärker sei als der Tod, ich hatte nicht genug geliebt. J war tot, und meine Liebe war nicht stark genug gewesen, ihn vor dem Tod zu retten.
Doppelt versagt, doppelt gescheitert. Statt Leben zu schenken, hatte ich versagt. Meine Liebe genügte nicht. Ich, die ich die war, die liebt, seit ich ich bin, ich liebte nicht genug.

«Ihr wird viel vergeben, denn sie hat viel geliebt» – oder: «Ihr soll viel vergeben sein, denn ...» So genau erinnere ich den Wortlaut nicht. Aber der Sinn, der Sinn hat sich tief eingeprägt in mir: Wenn du genug liebst, so wird dir vergeben werden. Es war nicht mein Konfirmationsspruch, den ich vor vielen Jahren ausgesucht hatte, als ich fast noch ein Kind war, als ich erst gerade anfing, ich zu werden. Es ist der Spruch, der mich aussuchte, einige Jahre später, als ich ich geworden war.
Die, die liebt. Heftig. Tief. Lang. – Natürlich liebte mich keiner zurück, nicht in jenen Jahren, dick, hässlich, bebrillt wie ich damals war.

Warum fällt mir das jetzt ein?

13.7.2007

Rückblende

«Ich habe eine braune Tasche, im Turnen bin ich eine Flasche ...» Jeder musste sich im Deutschunterricht selbst in einem Rätsel vorstellen, und die anderen in der Klasse mussten raten. Wir waren fast noch Kinder, damals. Aber ich war schon ich.
Eine Niete, eine Versagerin. Schon bei «Tasche» wussten die meisten, dass ich es war, denn außer mir hatte damals kein Mädchen eine Handtasche. Wir waren 13. Die Tasche war aus weichem, braunem Leder, und der Schulterriemen war aus hälftig zusammengefalteten Achten ineinander verwoben. Bei «Turnen bin ich ...» grölte die ganze Klasse meinen Namen. Der Reim war evident. Und außer mir konnte keiner in der Klasse reimen und erst noch den Rhythmus halten.

Schade nur, konnte ich keine Bälle fangen. Keine Tore werfen. Keinen Handstand und nicht einmal Bockspringen. Das Bockspringen brachte mir viele Jahre später ein Architekturstudent bei. Er war unendlich viel jünger als ich. Ich: 24. Er: 21. Welten dazwischen.

Als es mit ihm aus war, lernte ich J kennen. Ich liebte ihn, wie ich noch nie geliebt hatte zuvor. Denn er liebte mich auch, wirklich. Ich verstehe es bis heute nicht. Er liebte mich. Er brauchte mich. Und ich ihn. Er war vier Jahre jünger als ich, und neben ihm war ich zum ersten Mal nicht dumm, nicht klein, nicht nichts.
Wir liebten einander.
Er hatte seinen ersten depressiven Schub gerade glücklich überstanden (glücklich?), er war jung, schön, klug und sehr

liebenswürdig. Wir lernten uns an einer Party kennen, an der wir beide eigentlich fehl am Platz waren. Wir fanden einander in der Küche, einer von uns (ich weiß nicht mehr wer), spülte kleine Löffelchen ab. Wir fanden an diesem Abend zusammen, ich begleitete ihn irgendwann in der Nacht in seine Wohnung, ich trat in sein Leben und ich blieb. Ich war vier Jahre älter als er, aber es spielte keine Rolle.
Er war so ganz anders als alle anderen. Klug, witzig, schön, und sehr reif für sein Alter. Ich hingegen hatte als unsportliche, un-blonde Brillenschlange, als asexuelles, intellektuelles Wesen meine ganze Jugendjahre versäumt. Ich hatte einen Faltenrock mit Oma-Bluse getragen, als meine Schulfreundinnen in Nieten-Jeans und knappen T-Shirts im Schulhof herumknutschten.
Ich war auf jeder Klassenparty die Kompaniemutter gewesen. Ich leerte die Aschenbecher, verteilte Blasenpflaster und Tampons, hatte sämtliche Make-up Utensilien in meinem Schminktäschchen, all die Stifte und Döschen, die alle anderen schön machten und mich nur anmalten ...

Warum J mich von Anfang an bewunderte, ja zuweilen vergötterte, habe ich nie begriffen. Er verkörperte mein Ideal – schön, intelligent und schwierig – und er hielt sich für klein und unwürdig neben mir.
Irgendwie lief alles falsch von Anfang an. Obwohl es aussah, als würde uns alles gelingen. Wir wollten – jeder für sich – die dunklen Abgründe überwinden, triumphieren über die eigenen Ängste, die Selbst-Negation. Wir waren einander ebenbürtig, und jeder sah auf zum Geliebten, den er hundertfach über sich sah, als Vorbild, als Stern.
Es war ein labiles Gleichgewicht. Unser Glück war groß, so lange es währte, und es war zerbrechlich.

Nie, nie hatte ich das Gefühl, J teile die Aufgabe, unsere Beziehung zu erhalten, mit mir. Unseren gemeinsamen Alltag – auch als Paar – zu meistern, mit mir.
Die Aufgabe, denn es war keine Last, damals. Ich trug alles, ich trug daran gewiss mehr als die Hälfte, aber ich empfand es niemals als Last. Es war *mein* Teil, und ich hatte ihn gewählt. Es war die große Herausforderung meines Lebens.

«Wie hast du denn diese Zeit empfunden?» frage mich Jahre später eine Freundin. «Als Strafe?» – «Nein, nicht als Strafe – als Prüfung», sagte ich. Sie schwieg.
Meine ganzen Jahre mit J, mein ganzer Einsatz für sein Leben, meine ganze Liebe waren am Ende vergeblich gewesen, für nix, für die Katz ...

«Abverheit» – ein wunderbares schweizerdeutsches Wort. Es gibt kein Aequivalent in korrekter Schriftsprache.
Versaut. Abverreckt.
Versiebt.

13.7.2007

Trance

Mit Verwunderung lese ich die Seiten meines gestrigen Eintrags. Vieles ist kaum noch entzifferbar, manche Sätze lese ich mit interessiertem Staunen, als sähe ich sie das erste Mal. *Das* habe ich alles geschrieben? Es sind meine Empfindungen, in Worte gefasst, und in Zusammenhänge gestellt, so wie ich sie noch nie gedacht, gesehen, gesagt habe. Ich muss wie in Trance geschrieben haben.
Aber im Unterschied zu jenen Träumen, die ich noch im Halbschlaf und mit geblendeten Augen zu Papier bringe, und die beim späteren Lesen nur noch ein unzusammenhängendes Gekritzel sind, ergibt das gestern Geschriebene Sinn.

Jetzt fällt mir unversehens eine Traumpassage der letzten Nacht ein. Seltsam, das passiert mir sonst nie, dass ich, hellwach, plötzlich einen Traum erinnere …

14.7.2007

Der Trauerleib
Ein Traum

Ich bin in einem Bestattungsinstitut. Ein Mann öffnet eine Schublade, darin ist ein Häufchen Asche, krümelig, mit grauen Splittern und bleichen Knochenteilchen durchsetzt.
– Sehen Sie, erklärt er mir.
– So sieht die Asche aus nach der Kremation.
Und dann öffnet er weitere Schubfächer, darin eine gelbrosa Masse liegt. Fleischfarbene, glänzende Klumpen, von leicht fasriger Konsistenz.
– Und das ist, was wir daraus machen können, erklärt der Mann.
– So ist der Tote viel handlicher. Sie können ihn herausnehmen …
Er greift in ein Schubfach.
– Sie können ihn anfassen …

Die tote Masse verformt sich in seinen Händen ein wenig, wie ein aufgegangener, noch nicht in den Ofen geschobener Brotlaib.
– Sie können ihn bei sich haben, Sie können ihn pflegen …
Der Mann zeigt mir, wie man den Aschenlaib mit etwas Salbe an den Fingern sanft eincrèmen kann. Sorgsam legt er ihn in die Lade zurück und schiebt sie zu.

– Sie können natürlich auch die Asche behalten, sagt er. Das kommt Sie billiger. Aber es ist umständlicher, auch für uns.
Bei jedem Umbetten des Toten, gibt der Mann mir zu verstehen, gebe es Staub und Dreck, und trotz aller Sorgfalt ginge bei jedem Umbetten etwas vom Toten verloren.

– Mit unserem Verfahren hingegen, ist es viel hygienischer. Sie können ihn immer bei sich haben und ihn pflegen, und es ist sauber und praktisch. Nichts geht verloren.

Es war ein ganz sachliches Verkaufsgespräch. Ich hörte nüchtern zu und ließ mir alles zeigen. Ich fasste keinen Totenlaib an, ich schaute nur.

Und ich erinnere mich, dass mich etwas irritierte im Traum: Wie konnte aus dem grauen, durchsetzten Aschenhäufchen so eine glatte, homogene und hellfarbene Masse werden? Und vor allem: Warum war der fleischige Klumpen so groß, viel größer als die Menge Asche? Ich schätzte ihn auf die Größe eines Kopfes und auf zirka zwei Kilo.
– Wenn man die Asche mit Vaseline vermengt und knetet, kommt doch ein grauer Klumpen heraus, überlegte ich im Traum.
Und ich zweifelte schon im Traum, ob dieses Verfahren der Konservierung überhaupt funktionieren konnte, oder ob das Ganze nicht vielleicht ein riesiger, lukrativer Betrug war, mit dem das Bestattungsunternehmen den Trauernden das Geld aus der Tasche zog ...

Andererseits, frage ich mich heute, habe ich nicht genau so ein Schubfach, in dem ein Totenlaib verborgen ist? Und nehme ich ihn nicht manchmal heimlich heraus, um ihn zu pflegen und ihn bei mir zu fühlen?
Und ist es nicht richtig, dass er niemals kleiner wird?

Hätte ich die Asche genommen, würde bei jedem Umbetten etwas verloren gehen, vom Wind fortgetragen. Manches wäre hängen geblieben irgendwo, an den Händen vielleicht, wenn ich versuchte, ihn anzufassen, und dann fort gewaschen? Und nach einer gewissen Zeit wäre der Tote endgültig nicht mehr da, wieder eins geworden mit der Erde, dem Himmel, dem Wind?

Hätte ich die Asche genommen, wäre ich jetzt vielleicht frei …

Ja – hätte ich die Asche genommen.

Dieses seltsame Traumbild mit dem schwarzen Aschenhäufchen und dem Aschenlaib weckt wieder andere Bilder in mir …

14.7.2007

Stromboli

Der schwarze Sand von Stromboli, dort, wo ich mit J die letzten glücklichen Tage verlebt hatte.
Das schreckliche Gefühl: «Jetzt verlassen wir das Paradies, und es gibt nie mehr ein Zurück», als wir das gemietete kleine Häuschen verlassen mussten auf dieser wundersamen Insel, und wir saßen mit unserem Gepäck auf der Ladefläche eines dieser kleinen, dreirädrigen Transportfahrzeuge, von denen es hunderte gibt auf der Insel.

Wir saßen auf der Ladefläche, der Mann von der Agentur fuhr uns zurück zum Hafen, im Geäst über uns blitzte eine letzte gelbe Zitrone auf – zu spät. Wir fuhren rückwärtsgewandt aus dem Paradies, und ich fühlte das Ende.

Ich sollte Recht behalten. Nach diesen Ferien brach unser Glück, brach unsere Beziehung auseinander, zerfiel uns einfach in den Fingern, so sehr wir versuchten, sie fest zu halten. Sie zerfiel uns zu Asche, zu Krümeln, sie zersplitterte uns in den Händen, bis nur noch ein schmutziges Häufchen blieb.

«Ich wünschte, der Sand wäre schwarz», schrieb ich Jahre später in einem Gedicht.

Und dann, das andere Bild? Dieser fleischfarbene, glänzende, tote Klumpen – ist er nicht die tausendfach vergrößerte Version jenes Gebildes, das in meinem Bauch heranwuchs, nach J's Tod? Dieser Trauerkloß aus ungeweinten Tränen, der in mir war, wie ein Stein? An dem ich so schwer zu tragen hatte, und niemand durfte es wissen?

Ich war erst wenige Monate verheiratet, als J starb. Hätte ich meinen legitimen Mann verloren, der Schmerz hätte mich nicht schlimmer treffen können. Und ich durfte ihm nicht nachgeben. Meine Trauer nicht zeigen.
Ich gab gegen außen die glückliche Braut, die optimistische Gattin, die Zupackende, Zuversichtliche, die alles im Griff hat ...
Und in meinen Träumen war ich die trauernde Witwe, verzweifelt, zerrissen, elend – und die ungeweinten Tränen verklumpten sich in meinem Bauch zu einem eigentlichen Trauerkloß.

Mein Mann und ich wünschten uns ein Kind, aber Monat um Monat wurde ich nicht schwanger. Mein Gefühl, unwert zu sein, wuchs ins Unermessliche.

Es dauerte lange, bis die Ursache meiner Unfruchtbarkeit ans Licht kam,

14.7.2007

Am Rheinbord

Damals, als wir jung verliebt waren und uns zusammen eine einfache Altbauwohnung teilten, dunkel und ohne Komfort, damals packten wir oft an warmen Abenden eine Flasche Weißwein ein, ummantelt mit einer Kühlmanschette, zwei Gläser – richtige Weingläser mit Stiel – und wir spazierten hinunter zum Rheinufer. Dort saßen wir in der Abendsonne unter den Bäumen (Linden oder Rosskastanien?), sahen den Schiffen nach, die Richtung Meer zogen, träumten der Sonne nach, die uns die Richtung wies, wo Paris liegt – wir waren jung und glücklich und reich wie zwei Königskinder.

Heute sinne ich darüber nach, ob dieses Bild nur das Glück des ersten Sommers reflektiert, oder ob es länger andauerte.

Und gleichzeitig versuche ich, mich völlig profan daran zu erinnern, ob wir damals einen Korkenzieher mitnahmen, oder ob es damals schon Flaschenweine mit Drehverschluss gab. Schließlich entscheide ich mich dafür, zu erinnern, dass wir die Flasche jeweils zu Hause entkorkten und dann den Korken wieder so weit hinein drückten, dass man ihn später von Hand wieder rausbekam. Ich war schon damals ein praktisches Mädchen …

Ein praktisches Mädchen. Und darüber hinaus? Wem kann ich mehr sein? Ich, die ich seit meiner Kindheit nur eines gewünscht hatte, sehnsüchtig, mit aller Inbrunst: geliebt zu werden, akzeptiert zu werden, gleich zu sein, wie die anderen. Ich habe es lernen müssen, im Innersten immer einsam zu sein und doch zu funktionieren in einem größeren Verbund. Eine Rolle zu haben im großen Ganzen, und sei es nur die erbärmlichste Nebenrolle. Aber doch: ein Teil zu sein im Gefüge.

18.7.2007

Das Verdikt

Ich war noch ein junges Mädchen gewesen, als mein Chef mich schockierte mit dem Verdikt: «Du bist auf der Welt, um respektiert zu werden. Nicht, damit man dich liebt!» Meine Welt fiel in Trümmer damals, als er mir dies so ganz nebenbei sagte.
Ich bin immer ein sentimentales Mädchen gewesen, ein Weichei, und ich bin es noch heute. Aber ich habe es geschafft, mir eine dicke Haut zuzulegen, einen breiten Rücken, und mir trotzdem diesen unsäglich weichen Kern zu bewahren, diese Verletzlichkeit, die ich bin ...

Das Selbstmitleid ist eröffnet – es ist Zeit, eine Flasche Rotwein zu entkorken! Ich bin nicht auf der Welt, um geliebt zu werden – das ist mir geblieben. Und inzwischen, 15, 20 Jahre später, bin ich alt genug, es zu akzeptieren. Ich habe mich entsprechend eingerichtet im Alltag.

Blöderweise ist das kein ausreichender Schutz gegen die Sehnsucht. Gegen dieses diffuse Hoffen, dass da irgendwo noch mehr sei, das auf einen wartet. Ich habe alles erreicht, was ich je gewagt habe, zu hoffen. Und gleichzeitig habe ich in alle Ewigkeit die Gewissheit, versagt zu haben.
Nicht genug geliebt.

2007

Herbst

«Es ist kaum zu fassen, der Herbst steht vor der Tür, und ich habe es wieder nicht bis zu J's Grab geschafft. Die einzige Möglichkeit wäre gewesen, an einem freien Wochenende etwa zehn Stunden im Zug zu verbringen, um ein- zwei Stunden auf einem Friedhof zu sitzen am anderen Ende der Schweiz – ich habe es mir ernsthaft überlegt, aber ich habs dann sein lassen. Es wäre mir zu theatralisch erschienen, irgendwie doch ein Bisschen aufgesetzt.
Und überhaupt: Lasst die Toten die Toten begraben, heißt es. Es wäre falsch, die kostbare Zeit, in der wir zusammen sein können, nicht mit den Kindern zu verbringen, nur um einem einsamen Privatvergnügen nachzugehen. Und schon gar nicht, um mit einem Toten zusammen eine Flasche Wein zu trinken ...»

Es ist schon Mitte September, und ich bin nicht, bin wieder nicht an seinem Grab gewesen. Im Juli war ich ganz nahe dran gewesen, die entsprechenden Tagebuchnotizen gebe ich oben wieder. Ich hatte mir ausgerechnet, dass auch ein freier Nachmittag ausreichen müsste. Ein Donnerstag Nachmittag beispielsweise. Irgendwann wird es doch möglich sein, einen halben Tag nicht im Büro zu sein, ohne dass die Firma pleitegeht? Ich hoffe immer noch darauf.

Aber es müsste bald sein, wenn ich noch in der Sonne sitzen möchte auf dem Friedhof. Die Erinnerung an den winterlichen Friedhofsbesuch ist noch so brennend scharf, es ist, als fühlte ich die Trauer noch wie den Stich einer Eisscherbe, als fühlte ich die Kälte noch in den Füßen – dies zu wiederholen wäre sinnlos.

Mit dem Besuch an einem wärmeren Tag möchte ich mir vermutlich irgendwie Versöhnung verdienen, Vergebung, Frieden. So wie früher, mit J unter einem Baum sitzen, mit einer Flasche Wein, und den Wellen nach träumen ...
Den Wellen, ja: Warum dann deswegen die ganze Schweiz durchqueren? Unser Platz war doch am Rheinbord, in der Abendsonne ... Vielleicht könnte ich dorthin gehen einmal, ganz allein, mit einer Flasche Wein in der Tasche?
Aber – auch das fühlt sich nicht mehr echt an in der Vorstellung. Irgendwie gekünstelt ...
Nach so vielen Jahren vielleicht ein gutes Zeichen!?

September 2007

Frei?

Die Trauer kann mich immer noch unerwartet erwischen und heftig, immer auf dem linken Fuß, immer mit einem tiefen, schneidenden Schmerz – aber ich habe doch endlich nicht mehr das Bedürfnis, sie heraufzubeschwören. Werde ich nun doch endlich frei? Und was wird dann aus mir? Ich klammere mich seit bald zwölf Jahren an einen toten Geliebten, als hätte ich dem neuen Glück nicht so ganz trauen mögen.
Und wenn ich jetzt nur noch das neue Leben habe und nur noch darauf baue? Wenn ich mich endlich ganz darauf einlasse? Werde ich dadurch nicht aufs Neue verwundbar? Ist es nicht so sicher wie das Amen in der Kirche, dass das Schicksal einem immer das nimmt, was man am meisten liebt, woran man sein ganzes, wirklich sein ganzes Herz hängt?
Das Festhalten an einem Zipfel der alten Liebe, war das nicht auch eine Versicherung für das vermeintliche neue Glück, eine kleine Reserve, ein Vorbehalt, das Schicksal zu täuschen, damit es einem nicht erneut etwas nehme?

Wenn ich aufhöre J zu lieben, werde ich verletzbar. Ich habe einen Schmerz weniger, aber eine neue, riesige, dunkle Angst ergreift Besitz von mir.
Die Vergangenheit ist Wehmut, die Zukunft schiere Panik.

Was meine Liebe zu J betrifft, so ist die Verletzung wohl schon lange verheilt, das, was manchmal noch aufflammt, ein Phantomschmerz. Die neue Verletzbarkeit ist viel schlimmer. Und zugleich eine Chance. Wenn ich wieder so sehr liebe, und so sehr fürchte, zu verlieren, und so sehr daran glaube, dass das Schlimmste eintreten wird – bin ich dann nicht auch wieder die, die ich vor zwanzig Jahren gewesen bin, der ich immer nachgetrauert habe? Die junge, heftig empfindende Frau, die die Nächte durch trinkt, um ihre Melancholie zu ertragen, die Frau, der unversehens manchmal Verse gelingen, die Bestand haben könnten? Wie viele Male habe ich diese Lebendigkeit von damals herbeigesehnt, dieses Gefühl, wirklich zu leben, weil die Endlichkeit so nahe ist? Die Katastrophe so greifbar nahe? Und jedes Mal, wenn ein kleines Ende kam, das mir in der jeweiligen Situation so groß erschien, habe ich es doch überlebt, irgendwie?

Kehre ich zurück in die Welt, in der ich ich bin? In der ich ungeachtet meiner Jugend oder meines Alters die bin, die ich in meinem Innersten bin? Finde ich nach zwölf Jahren Frieden, indem ich die alten Geschichten endlich in Frieden lassen kann?

Auch wenn mein Frieden die Unruhe ist, die Übermacht der Gefühle, der Liebe, der Angst?
Werde ich wieder schreiben können?
Ist das die neuen Schmerzen wert?
Die Angst, am Ende allein zu sein?
Können wir etwas erschaffen, ohne diese Angst?

19.9.2007

Reflexion

Warum hätte Gott die Welt geschaffen, wenn nicht aus Furcht vor der Einsamkeit?
Ist die Schöpfung nicht die Konsequenz dieser Angst vor Einsamkeit? Dieses Bedürfnisses, etwas zu schaffen, was dieser Einsamkeit entgegensteht, was diese Leere füllt, der man sich als einsamer Gott gegenüber sieht?
Ein einziger Gott *musste* zum Schöpfergott werden (zumindest dann, wenn er uns ähnlich ist) ... Und der empfindsame Mensch, muss er demzufolge nicht zum Künstler werden?

Tragisch nur, wenn er über keine Mittel verfügt, sich auszudrücken, die den eigenen Ansprüchen genügen ...

Ich muss mich glücklich preisen: Ich kann wenigstens schreiben. Das ist nicht so faszinierend wie malen, singen, Klavier spielen oder tanzen, – aber es ist immerhin etwas. Zum Ausdruck der persönlichen Empfindungen zumindest besser geeignet als Tennis, Rollschuh laufen oder Stabhochsprung.
Wie alle, die nur schreiben können, träume ich davon, singen zu können. Oder Klavier spielen. Oder zeichnen ...

Wie heißt es in den «Jahrestagen»? Die Liebe höret ewig auf. Noch letzte Woche verstand ich dies so: Die Liebe hört nicht auf, aufzuhören. Es ist normal, dass das Abschiednehmen nie ein Ende nimmt, dass der Schmerz nie aufhört ...
Und jetzt bin ich unversehens an dem Punkt angelangt, wo ich denke, sie *muss* aufhören, irgendwann.

Die definierte, auf einen Punkt fixierte (vor allem: auf einen Punkt in der Vergangenheit fixierte) Liebe *muss* irgendwann abgelöst werden von einer neuen Offenheit, einer neuen Verletzlichkeit.

Damit die lebendige Liebe nicht aufhört.

19.9.2007 / 2014

Das Trauerbuch

Beim Räumen vor einigen Wochen habe ich einen ganzen Stapel alter Notizblöcke gefunden – Tagebücher aus den ersten Monaten und Jahren nach J's Tod. Seit ewig hatte ich das Gefühl gehabt, das Vorhandene an Notizen könne doch nicht alles sein – aber ich hatte vergeblich gesucht. In einem nie ausgeräumten Transportkarton, der vermutlich seit sieben Jahren nicht angerührt worden war, habe ich die Papiere nun gefunden.
Es sind viele Notizen, darunter einige äußerst seltsame Träume, die ich vor über 10 Jahren aufgeschrieben habe. Ich beginne, sie zu sortieren. Es soll daraus ein – mein – Trauerbuch werden. Auch dies muss heimlich geschehen, wie das Trauern selbst. Niemand darf wissen, dass ich immer noch an J denke, dass ich immer noch um ihn trauere, um ihn weine in gewissen Stunden, in denen er mir nahe ist.

11.7.2008

Blut

Blut, immer wieder Blut. Ich erinnere mich an einen Gedanken aus dem Sommer 1996 – wir machten Strandferien in Montenegro. Wir waren ein halbes Jahr verheiratet, ich verhütete seit Monaten nicht mehr. Und ich wollte doch schwanger werden, so sehr wollte ich es. Aber ich spürte es schon Tage im Voraus, die Blutung würde einsetzen. Ich fühlte mich so schäbig, so schmutzig, so unwürdig, eine Frau zu sein ...

Und all diese läppischen feministischen Theorien, mit denen ich mich früher befasst hatte, waren der reinste Hohn: Die Menstruation als Symbol der Fruchtbarkeit, die rote Schärpe des Priesters als Vereinnahmung des Leben verheißenden Menstruationsblutes, als urzeitliches Symbol ...

Dabei ist das Menstruationsblut doch die große Demütigung der Unfruchtbaren, das blutige Symbol des Versagens! Nur eine Frau, die zu blöd war, schwanger zu werden, blutete. Und eine unfruchtbare Frau war keine vollwertige Frau, so fühlte ich mich damals: unwert, ungenügend, eine Versagerin. Mein Mann hatte mich geheiratet, weil er Kinder mit mir wollte, und ich blödes Huhn kriegte nicht einmal das auf die Reihe!

Ich wünschte mir damals nur, im Sand liegen zu bleiben und auszubluten. Einfach liegen zu bleiben, bis der Sand um mich herum schwarz getränkt wäre, und meine Venen wären leergeblutet, mein Elend hätte ein Ende, ich wäre erlöst von meiner Schande, ich wäre frei, tot, ohne Schmerzen.

Natürlich musste ich irgendwann aufstehen, Konversation machen, in die Ferienwohnung zurückkehren und etwas zu essen kochen – und alles mit einem Lächeln. Das Versagen, keine Kinder zu bekommen, wog unendlich schwer.

11.7.2008

Trauerarbeit

Ob ich das Buch überhaupt jemals fertig stellen kann? Wird die Trauerarbeit endlich abgeschlossen sein, wenn das Buch fertig ist?
Oder kann ich das Buch erst abschließen, wenn ich mich endgültig freimachen kann, frei vom Gefühl, schuldig zu sein, versagt zu haben?

Einst dachte ich, der heimlich erduldete Schmerz würde niemals abnehmen. Nach sieben Jahren, ich erinnere mich an ein Gespräch mit einem gemeinsamen Freund, fing ich an «langsam darüber hinwegzukommen».
Dann kamen weitere Jahre, während denen ich immer und immer wieder J's Todesdatum, ja sogar das Jahr vergaß, als weigere sich mein Bewusstsein, diesen Tag (diese Nacht, er starb des Nachts) zur Kenntnis zu nehmen. Immer wieder versuchte ich mir auszurechnen, wie lange «es» denn nun schon her sei. Noch heute sehe ich mich zusammenbrechen nach den Trauergottesdienst, sehe ich mich, haltlos schluchzend, von Freunden die vereiste Treppe hinauf geführt zum frischen Grab unter dem Trauerbaum (der Trauerbuche), sehe ich mich am Tisch sitzend während des Trauermahls, Fremdling zwischen den Menschen, die meine Familie gewesen waren, in einem anderen Leben, in einem Leben mit J.
Als wäre es ein, zwei Jahre her, nicht länger, so eindringlich die Bilder, so frisch der Schmerz.

Dann kam die Zeit wo ich dachte, nach 10 Jahren könnte ich mein Trauerbuch abschließen, nach 12 Jahren. 12 wäre eine gute Zahl gewesen.

In der Tat ließen die Gedanken an J nach, andere Probleme, andere Verpflichtungen meiner eigenen jungen Familie gegenüber verdrängten die Trauerarbeit. Ich versäumte es, das Buch zu beenden. Es geriet in Vergessenheit.
Das Buch. Nicht er. Meine große Liebe. Eine Liebe, die groß bleibt für immer, weil sie sich nicht mehr an der Realität aufreibt, nie mehr. Ein geliebtes Gesicht, das für immer jung bleibt.

Jedes Mal, wenn ich seine Fotografie anschaue, seine warmen, lieben Augen, sein Lächeln, sind die Gefühle wieder ganz groß, ganz da. Wenn mich nur irgendetwas im Alltag an ihn erinnert, ein Gesicht, eine Geste, eine Redewendung von ihm, die mir unversehens in den Sinn kommt, ein Zettelchen mit seiner Schrift, das mir in die Hände fällt, alles ist geeignet, die Trauer wieder wach zu rufen und die Liebe gegenwärtig werden zu lassen, die nie aufhören wird. Oder: die ewig aufhören wird.

Auch die Auseinandersetzung mit meinen alten Textfragmenten hat Erinnerungen geweckt. Wie viele Nächte haben wir damals gemeinsam gearbeitet an meiner Arbeit über Uwe Johnson, wie hat J mir geholfen, all die Tausende von Buchseiten zu exzerpieren. Es gibt Passagen, die ich nie und nie werde lesen können, ohne sein liebes Gesicht vor mir zu sehen. Sein Leiden. Sein Lächeln.

16.12.2012

50

Aber etwas anders wiegt schwerer. Die Auseinandersetzung mit meinem Alter. Ich bin fünfzig geworden diesen Sommer. Ein Einschnitt im Leben. Jetzt ist die Mitte endgültig überschritten, selbst wenn ich hundert würde, ginge es von jetzt an abwärts, dem Ende zu. Dem Verfall. Dem Alter.
J aber bleibt ewig jung. Er ist gestorben, ehe er 30 wurde, wie er es immer vorhergesagt hatte. Wenn ich sein Bild anschaue, sehe ich einen jungen Mann vor mir, der heute mein Sohn sein könnte.
Ich bin älter als seine Mutter damals.
Ich bin doppelt so alt wie damals, als ich J kennen lernte.
Ich liebe ihn mein halbes Leben.
Wo sind die Jahre geblieben? Warum bleibt der Schmerz?
Seine Mutter hat mich angerufen am Tag meines fünfzigsten Geburtstages, um mir Glück zu wünschen. Auch sie wird nie vergessen, auch ihr Schmerz wird nie aufhören. Ich gehöre zu ihrem Schmerz und sie zu meinem. Müsste ich sie wiedersehen, um mein Buch zu Ende bringen zu können?
Es sind 17 Jahre seit J's Tod. Wie lange wird sein Grab noch bestehen? Sein Grab, an das ich in all den Jahren nur zweimal zurück kehren konnte um zu trauern, das ich aber immer im Herzen trage? Ich muss wissen, wo sie ihn hintun, wenn das Grab aufgehoben wird. Ich muss wissen, wo meine Seele ihn suchen muss, sonst irrt sie für alle Zeit rastlos durch die Welt.

Die Liebe höret ewig auf.

16.12.2012

Zweifel

Natürlich weiß ich heute, dass ich J nicht hätte retten können – wenn einer sterben will (sterben muss?), kann ihn nichts und niemand daran hindern.
Ich werfe mir aber vor, dass ich möglicherweise einen Tick zu wenig lange gewartet habe, als dass ich mich *nicht* schuldig fühlen müsste an seinem Tod.
Ich habe mich verführen lassen vom Leben, von einem neuen Lebensentwurf, von dem ich mich die vergangenen Jahre gerade mit Mühe verabschiedet hatte. J wollte nie heiraten, und er wollte schon gar kein Kind haben. Kein Kind sollte das durchmachen müssen, was er ertragen musste. Man musste damit rechnen, dass seine Krankheit sich vererben würde.
Ich redete mir damals ein, J habe sich von mir getrennt, um mich zu schützen, um mich nicht mit hinein zu ziehen in den Abgrund.

Und dann entschied ich mich für ein neues Leben, eines, das Zukunft versprach.

Aber, als er dann tot war, kamen die Zweifel.

2013

Am Grab / III

Nun bin ich also doch hier. Ich bin zurückgekommen, wie ich es damals versprochen hatte. Vor vielen Jahren, damals, im Winter 2005, hatte ich dir versprochen, ich würde wieder-kommen im Sommer, wenn die Erde leicht ist, und mit dir einen Weißwein trinken, so wie einst am Rheinbord, in jenen Tagen, als noch kein Schatten auf unsere Liebe gefallen war.
Ich stehe an deinem Grab, unter der mächtigen Buche – wie groß ist sie geworden in all den Jahren.
Ich trinke den ersten Schluck, gieße den zweiten zwischen die Rosenstöcke auf deinem Kopfkissen, den dritten über den Stein – ein klein wenig nur – und den vierten über das Efeu zu deinen Füssen, das immergrüne, das Leben.
Du hast neue Nachbarschaft bekommen, mein Liebster, Lorli und Elsbeth liegen noch immer links neben dir, aber Hugo, der ein Jahr nach dir verstorben war, liegt inzwischen nicht mehr allein. Seine Frau ist ihm nachgestorben vor neun Jahren. Vielleicht kurz, nachdem ich das letzte Mal bei dir war.
Das letzte Mal – es ist vielleicht heute, das letzte Mal? Bis ich ein nächstes Mal wiederkommen kann, bist du vielleicht gar nicht mehr hier? Wird dein Grab wirklich nächstes Jahr schon aufgehoben, nach 20 Jahren? Oder gibt es noch eine Gnadenfrist, so lange der Schmerz nicht ganz verklungen ist? Wessen Schmerz? Der meine ist ein kaum noch hörbarer Nachhall.
Ich fühle Wehmut. Zärtliche Erinnerung. Liebe, die ewig aufhört, weil sie nie ganz aufhört. Jin und Jang.
J und J.
Es ist Zeit für mich abzuschließen.

Mit dem Schmerz, mit den Schuldgefühlen, mit dem Schreiben für dich.
Vergessen werd ich dich nie.
Vermissen immer.
Und manchmal werde ich lächeln, wenn ich an dich denke, und es wird nicht mehr wehtun.

2014

Epilog

Wenige Menschen bekommen die Chance einer zweiten großen Liebe – viele nicht einmal die erste. Ich habe eine zweite Chance bekommen, und ich bin sehr glücklich.
Auch wenn ich jetzt schon weiß, dass der Preis
hoch sein wird.
Denn auch dieser Geliebte wird mich verlassen,
lassen müssen,
irgendwann.
Und ich werde weiter leben müssen, allein.
Und dann werde ich wieder schreiben, ein neues Buch über die Liebe, die alles überdauert, auch den Tod.
Und über den Preis, den wir dafür zahlen.
Sie ist es wert.